FAI RISPARMIARE LA TUA CASA

Fai risparmiare la tua casa

Cosa puoi fare per ridurre i consumi ed essere più ecosostenibile

Leroy De Carlini

A tutte le persone che mi sono state vicine.

E a questo magnifico Pianeta.

Sommario

Introduzione

Chi non vorrebbe risparmiare dei soldi e contemporaneamente ridurre l'inquinamento?

Attualmente (2022) una famiglia italiana tipo, da 3-4 componenti, spende in media circa €1300 per l'energia elettrica all'anno[1].

La maggior parte dell'energia è prodotta dalla combustione di fonti non rinnovabili come gas naturale, petrolio e carbone. Le fonti rinnovabili fortunatamente stanno prendendo sempre più piede a livello globale, soprattutto nei paesi più industrializzati. Tra le fonti di energia rinnovabile troviamo l'energia solare (soprattutto grazie all'impiego di pannelli), idroelettrica (prodotta ad esempio dalle dighe), eolica (derivante dal vento) e in misura ridotta quella geotermica (che sfrutta il calore della Terra). La restante parte viene prodotta nelle centrali nucleari (vietate in Italia, che tuttavia importa notevoli quantità di energia prodotta in questo modo dai paesi limitrofi come Francia, Svizzera e Slovenia)[2].

La resa dei processi produttivi, inoltre, lascia molto a desiderare: ad eccezione degli impianti di ultimissima generazione, una resa del 50% è considerata molto buona[3].

Produrre energia elettrica non è l'unica fonte di inquinamento legata a questa attività: notevoli danni all'ambiente sono causati anche dal trasporto (tramite gasdotti, oleodotti e petroliere) e dallo stoccaggio di questi combustibili fossili. Sapete che il gas naturale importato dall'estero viene stoccato sottoterra, negli ex pozzi petroliferi ormai vuoti? Questa ormai è una pratica testata e molto in uso, tuttavia non completamente priva di rischi (dovuti, ad esempio, ad eventi sismici)[4].

L'acqua è un bene importantissimo e molto sottovalutato. Praticamente tutti in Italia abbiamo acqua corrente nelle nostre case; ma, se questo è vero per la maggior parte dei Paesi ricchi, negli stati più poveri non è così. Per loro è un bene raro e, se il surriscaldamento globale continuerà a crescere come ora, presto lo sarà anche per noi. È un dato certo che in molte zone del sud Italia e delle isole (in primis Sardegna e Sicilia) è in corso un processo di desertificazione[5]. Processo destinato purtroppo a crescere, si stima che 1/5 dell'Italia sia a rischio desertificazione![6]

L'acqua è un bene sottovalutato tanto dai cittadini quanto dallo Stato. Uno studio del 2009 del Co.Vi.Ri. (Comitato di vigilanza sull'uso delle risorse idriche) evidenzia che le perdite del sistema idrico italiano sono pari al 30%, questo significa uno spreco di 2,61 miliardi di metri cubi di acqua all'anno[7]. Queste perdite comprendono anche dei veri e propri buchi nei tubi, dovuti all'incuranza e alla mancata manutenzione degli impianti, che comportano dei mancati guadagni di 3 miliardi di euro all'anno. Da allora i dati possono essere solo peggiorati.

Nell'attesa che lo stato degli impianti migliori, noi possiamo fare la nostra parte.

Alcune piccole accortezze che noi compiamo possono davvero fare la differenza per il pianeta e alleggerire la nostra bolletta.

In questo libro faremo un tour virtuale della casa, analizzando per ogni ambiente tutti gli sprechi e, ovviamente, i possibili rimedi;

cercheremo anche delle soluzioni alternative agli oggetti di maggior consumo.

Questi consigli possono essere applicati anche fuori casa, come in ufficio, a scuola, nelle fabbriche e nei negozi, con risultati ancora più strabilianti. Basti pensare a quanto consumano le lampade dei negozi e dei supermercati lasciate accese per chissà quale motivo 24 ore su 24, così come gli impianti di riscaldamento/condizionamento, o al fatto che nei supermercati molti frigoriferi non hanno nemmeno gli sportelli.

Nel finale ci sarà anche spazio per analizzare una bolletta tipo: costi nascosti, voci incomprensibili e consigli utili sono tutte cose che verranno portate alla luce.

Ma ora siamo pronti per cominciare il tour della casa: non ci resta che suonare il campanello!

Leroy De Carlini

Giardino

A partire appunto dal campanello: spesso lì vicino c'è un faretto o una lampada che aiuta noi a inserire la chiave e gli ospiti a vedere il campanello ed eventuali altri ostacoli, come gradini o vasi dei fiori.

Molti hanno l'abitudine, soprattutto per noia, di lasciare accesa questa luce giorno e notte anche se non serve. Questo è un enorme spreco. Altri si sono adattati e hanno scelto un sistema di luce crepuscolare che si accende al tramonto e si spegne all'alba, siamo sulla strada giusta.

L'ideale, tuttavia, sarebbe accendere la luce solo quando è necessario: posizionare un interruttore vicino al campanello, collegare la luce al campanello (in modo che quando qualcuno suoni, la luce si accenda automaticamente). Sul mercato, inoltre, sono disponibili numerosi faretti solari, dotati di un sensore di movimento.

Quest'ultima secondo me è la migliore soluzione: non necessita di allacciarsi al sistema elettrico (quindi non aggiunge costi in bolletta), pochissima manutenzione, si accende da solo e in più i costi d'acquisto possono essere bassi (alcuni modelli base partono da un prezzo di circa €20).

Colgo l'occasione per aggiungere una piccola curiosità, forse scontata: i Watt sono l'unità di misura della potenza, non della luminosità (che è la candela[8]), quindi una lampadina ad incandescenza da 120 W brilla circa con la stessa intensità di una lampadina fluorescente (CFL) da 30 W o di una a LED da 20 W[9]!

Già all'ingresso della proprietà abbiamo quindi trovato subito la prima fonte di spreco!

Varcato il cancello percorriamo il vialetto per raggiungere l'ingresso ed ecco i due possibili scenari: buio totale, rischiate di inciampare e gli ospiti vagano come zombie in giardino pestando le aiuole e schiacciando i cespugli; oppure sentiero ben illuminato da lampioncini, tenuti accesi inutilmente o molto dispendiosi dal punto di vista energetico.

Una soluzione a tutto questo è l'utilizzo di faretti segnapasso a luce solare. Essi sono: economici, sia per quanto riguarda il prezzo di acquisto sia per la manutenzione; duraturi, basta cambiare la pila che c'è all'interno con una ricaricabile nuova e continua a funzionare; discreti, possono essere alti fino a due spanne oppure interrati come i chiodi stradali e sporgere dal terreno quanto basta per illuminare il cammino.

Questo genere di faretti può essere inserito anche all'interno di muri e sporgere di pochissimo, illuminando anche il percorso che fate in auto per raggiungere il garage.

Certo, non potranno mai illuminare a giorno il vostro cortile, ma sinceramente non ne capisco l'utilità. Contro i ladri è più produttivo installare dei fari sui muri della casa che puntino sul giardino e siano collegati anche al sistema d'allarme, di modo che quando suona, la casa e il giardino si illuminino mettendo in fuga eventuali intrusi e facilitandone l'avvistamento.

Un bel giardino necessita di cure, a partire dall'irrigazione. È importante sottolineare che non in tutti i mesi dell'anno le piante necessitano della nostra acqua: in periodi molto piovosi, un eccesso d'acqua può portare a molti effetti collaterali dannosi come il marciume radicale, lo svilupparsi di muschi e muffe e la crescita eccessiva di erba. Inoltre, piante diverse hanno bisogni diversi, sia a livello di concime sia di quantità d'acqua[10].

In un giardino uniforme, composto dalla maggior parte delle specie simili tra loro, i sistemi di irrigazione automatici possono essere delle buone soluzioni a patto che nei giorni piovosi possano essere disattivati. È importante in questi casi regolare con cura la quantità d'acqua erogata in base al fabbisogno. Per l'installazione di questi sistemi automatici è consigliabile rivolgersi a professionisti qualificati perché gli errori che si possono commettere sono numerosi. Ad esempio, il fusto di una pianta sulla traiettoria del getto crea una zona d'ombra entro la quale le altre piante, o il manto erboso, non ricevono acqua. Esistono vari tipi di impianti e lo specialista giusto troverà il migliore per voi e, anche se spenderete un po' di soldi, otterrete un risparmio di tempo e di acqua, oltre ad un giardino invidiabile. Per una volta l'erba del vicino non sarà più verde della vostra.

Se le specie di piante e fiori sono molte, spesso gli impianti di irrigazione automatici non sono la soluzione migliore, oppure sono troppo costosi; a volte è meglio munirsi di canna dell'acqua ed innaffiatoio e fare da sé per ottenere i risultati più soddisfacenti.

Vi consiglio inoltre la creazione di un orto. Anche solo con un piccolo ritaglio di giardino, degli scarti di verdure e due orette alla settimana sono sufficienti per farvi avere un hobby salutare e delle verdure biologiche sempre fresche sulla tavola. Potete cercare su internet come far germogliare scarti di frutta e verdura per poi piantarle nel terreno (a partire dal pezzo della cipolla dove c'erano le radici, si può creare una piantina di cipolla solo mettendola sottoterra). Questo può essere un modo per risparmiare: le grandi coltivazioni utilizzano ingenti quantità d'acqua, senza contare pesticidi e concimi chimici; i vostri prodotti saranno 100% biologici e salutari.

Come ultima cosa, in giardino siamo soliti lavare l'auto o la moto quando non andiamo all'autolavaggio. 130 litri di acqua possono essere risparmiati lavando l'automobile con un secchio ed una spugna al posto della canna dell'acqua[11]. Per non danneggiare né l'ambiente né il prato è indispensabile l'uso di saponi e detergenti ecologici.

Piccola nota: come abbiamo già detto nell'introduzione, la siccità è un grosso problema. Rispetta sempre le ordinanze e tieniti aggiornato su eventuali divieti temporanei e locali all'uso di acqua (soprattutto se potabile) per irrigare il giardino o lavare l'auto.

Ora il vostro giardino sarà illuminato, ecologico ed economico. Avrete tagliato i consumi d'acqua, elettricità e inquinamento luminoso, aspetto che sta prendendo sempre più visibilità tanto che la Lombardia ha emanato dei provvedimenti per limitarlo. A proposito, sapete perché le falene vanno a sbattere contro le lampadine? Beh, il loro sistema di orientamento si basa sulla luce della Luna, ma purtroppo non riescono a distinguere la luce della lampadina da quella naturale[12]. Ecco come abbiamo annullato migliaia di anni di evoluzione usando lampioni e lampadine anche dove non è necessario.

Ingresso

L'ingresso e l'uscio di casa devono essere ben illuminati per accogliere gli ospiti.

Ebbene, questo è un consiglio indicato per tutti gli ambienti, tutti i lampadari e tutte le lampade: usate solo lampadine ad elevato risparmio energetico, come le lampadine a LED.

Pochi sanno che la tecnologia di queste particolari lampadine è stata intuita per la prima volta già nel 1907, e che nel 1927 si è creato un prototipo di LED. I primi esempi di utilizzo di questa tecnologia però si hanno nel campo dell'infrarosso, del non visibile, e sono stati utilizzati per apparecchiature di laboratorio. Solo verso gli anni '70, quando i costi di questa tecnologia sono diventati più accessibili, si è iniziata una produzione in larga scala anche nel visibile[13].

Da allora questa tecnologia è solo migliorata, sia in termini di rendimento e prestazioni, sia per quanto riguarda i costi.

Giusto per rendere l'idea: a parità di potenza assorbita, il LED produce una luminosità 5 volte superiore rispetto a quella delle lampadine tradizionali. La loro durata media arriva a 50.000 ore (cinquantamila!), fino a 25 volte in più delle lampade ad incandescenza (che tra l'altro sprecano circa l'85-90% dell'energia elettrica assorbita in calore[14]); inoltre le prestazioni in termini di luminosità dei LED sono impressionanti: dopo 50000 ore di esercizio (metà della loro vita) la luminosità diminuisce solo del 20% (in media)[15].

Questi dati imbarazzanti per le lampade ad incandescenza hanno portato l'Unione Europea ad abolirne la produzione già nel 2012[16].

Ultimo, ma non meno importante, vantaggio che voglio citare dei LED è l'assenza di sostanze inquinanti o tossiche al loro interno: sono infatti prive di alogenuri metallici, vapori di sodio o mercurio, non emettono raggi UV o IR (potenzialmente dannosi per la vista) e sviluppano pochissimo calore (sinonimo dell'alta efficienza di questi apparecchi)[13].

Vicino all'ingresso molte case hanno un ripostiglio, dov'è possibile lasciare le scarpe, i giubbotti o dove ritiriamo le scope. Questo spazio può essere una stanza o un sottoscala (come quello dove viveva Harry Potter), non è importante: certamente ameno una volta avrete dimenticato accesa la luce! Non è certo una colpa, spesso si è sovrappensiero o indaffarati con le faccende domestiche e non si presta attenzione. Ebbene, esiste un sistema molto facile per evitare questo: un sensore.

Può trattarsi di un sensore di movimento, che accenda la luce solo quando ci passate davanti entrando nella stanza, oppure un sensore da attaccare alla porta, in modo che quando la aprirete si accenderà automaticamente la luce, che si spegnerà poi alla chiusura della porta.

Sono sistemi estremamente semplici ed economici che eviteranno di lasciare la lampadina accesa per delle ore, perché è molto probabile che nessuno entri in un ripostiglio per diverso tempo.

Salotto e sala da pranzo

Cosa c'è di meglio che rilassarsi la sera seduti sul divano guardando la TV, magari col camino acceso e in compagnia della propria fidanzata? Oppure leggere un bel libro sulla propria poltrona? O fare un mega torneo di FIFA con i propri amici?

Tutte proposte interessanti certo, ma perché ho scelto proprio la sera come esempio? Semplice: di giorno il salotto è uno degli ambienti meno utilizzati.

Pensate ad una giornata tipo: vi svegliate, fate colazione, uscite per andare a lavorare, tornate per pranzo (oppure mangiate fuori), di nuovo lavoro, poi si torna finalmente a casa, doccia e infine cena. Durante tutta la giornata il salotto non è stato utilizzato, e la sala da pranzo solo durante la cena. Perfetto direte: se non ci siamo stati non abbiamo consumato… sbagliato!

Pensateci bene: la TV non ha forse un LED che resta acceso h24?! Così come lo hanno console, lettore DVD e talvolta anche lo stereo. Certo sono solo pochi LED a bassissimo consumo, e in più sembra impossibile disattivarli. Sembra innocuo, ma questo dato vi farà ricredere: gli elettrodomestici in stand-by incidono l'8% sul totale della bolletta. Esattamente, l'8%, circa 600kWh all'anno[17].

Non solo TV e console, la lista di elettrodomestici che consuma di più in stand-by, in ordine decrescente, comprende: forno a microonde, console videogiochi, caffettiera elettrica, televisore, telefono cordless, computer desktop e caricabatterie[18].

Per concludere questa serie di "oggetti che silenziosamente sprecano energia" aggiungerei anche il modem o router Wi-Fi, che resta acceso per tutta la sua vita, consumando circa 90kWh/anno[17]. Inoltre, in casa possiedo un ripetitore per connettere tutta la casa, inutile dire che anch'esso consuma allo stesso modo.

Una soluzione c'è, ed è anche molto semplice: una ciabatta con interruttore. Pensateci, basterà accenderlo dopo cena, prima di spaparanzarsi sul divano e accendere la TV, e spegnerlo quando ci si alza per andare a letto. Una sola ciabatta è sufficiente per tutti i dispositivi elettrici del salotto.

Un altro considerevole spreco, che compiamo soprattutto durante il week-end, è lasciare la TV o la radio accesa mentre siamo in un'altra stanza o siamo concentrati a fare altro. Spesso non ce ne accorgiamo nemmeno, o lo facciamo perché sentire quelle voci "ci fa compagnia". Fidatevi, il silenzio porta spesso pace e serenità nelle nostre frenetiche vite.

Se poi preferite la carta stampata alla televisione e volete rilassarvi sulla poltrona leggendo un libro o una rivista, potrebbe essere utile avere una lampada da lettura. Oltre ad essere un ottimo elemento d'arredo, vi consentirà di spegnere la fonte di luce principale della stanza (come il lampadario o i faretti da soffitto) che generalmente è più potente, e allo stesso tempo di creare un ambiente più confortevole. Per non rovinare la vista è necessario regolare bene la luminosità dell'ambiente di lettura: se questa è bassa gli occhi compiranno uno sforzo eccessivo per leggere, se, al contrario, è troppa si rischierà di ottenere un effetto riverbero sulle pagine. Sul mercato esistono varie lampade o lampadine che consentono di regolare facilmente l'intensità luminosa erogata.

Inoltre, se non avete a disposizione una camera per gli ospiti, questi di solito vengono sistemati sul divano letto, e il salotto diventerà la loro camera: una lampada vi sarà d'aiuto anche in questo caso.

Molti di voi hanno l'abitudine di lasciare accesa una luce in casa anche di notte, soprattutto in salotto, con lo scopo di scoraggiare i ladri ad entrare creando l'illusione che ci sia qualcuno sveglio. Questa pratica non è molto utile perché la maggior parte dei ladri monitora gli spostamenti e le abitudini dei membri della famiglia, come orari di lavoro, di scuola, persino dei pranzi e dell'ora in cui si è soliti andare a dormire; lasciare accesa una luce servirà solo contro i ladri "pivelli". Un consiglio che mi sento di darvi è adottare un cane. Anche un volpino rappresenta un deterrente naturale contro i ladri ed un efficiente sistema d'allarme. Cercando in canile avrete un sistema d'allarme praticamente gratis (se escludiamo cibo e coccole ovviamente), senza contare che guadagnerete un amico che vi sarà riconoscente per tutta la vita.

Spesso i termostati sono installati in salotto. Per questo ho deciso di parlare in questo capitolo di quanto è importante mantenere la casa ad una temperatura accettabile, intorno ai 20°C. Questo vale per l'inverno, mentre d'estate la temperatura può essere più alta senza problemi.

La temperatura dovrebbe essere regolata con intelligenza: se fuori ci sono 3°C e dentro 27, è scontata la presenza di un grande spreco. Oltre allo spreco energetico è considerevole il rischio di ammalarsi a causa dello sbalzo termico tra interno ed esterno. Lo stesso discorso può essere fatto anche per l'estate, in quanto la temperatura interna non dovrebbe essere troppo bassa, come spesso accade negli USA. I più freddolosi potranno coprirsi, mentre i più calorosi potranno stare in T-shirt.

Un capitolo a parte meriterebbero i sistemi di riscaldamento, ma per non rendere il testo troppo tecnico riassumerò il tutto in pochi paragrafi, cercando di essere sintetico e coinciso. Le soluzioni per il riscaldamento domestico sono molto varie, e la convenienza economica dipende molto dal tipo di casa.

L'impianto più diffuso in Italia è quello che prevede la caldaia a gas. Tra i principali vantaggi troviamo il costo contenuto di caldaie e manutenzione e la diffusione della rete di distribuzione del gas. Il costo di esercizio, come abbiamo aimè capito in questo periodo, è correlato al prezzo del gas.

Una variante alle tradizionali caldaie è rappresentata dalle caldaie a condensazione. Queste hanno una maggiore efficienza dovuta alla capacità di sfruttare parte del calore che normalmente si disperderebbe nella combustione. Si stima un risparmio del 35% in bolletta e una riduzione del 75% delle emissioni in atmosfera[19].

Stufe e camini sono tradizionalmente presenti nelle case degli italiani. Possono essere a legna o a pellet. Oltre ad essere più belle esteticamente e a creare un certo clima zen, sono utilizzate soprattutto grazie alla facilità di reperimento di legna o pellet e alla loro relativa economicità rispetto al gas. L'inquinamento prodotto dalla combustione di legna e pellet, specie se non si utilizzano caldaie a condensazione, è tuttavia molto maggiore rispetto alle altre alternative presenti in questa lista; se volete approfondire questo aspetto vi suggerisco di leggere, tra le altre cose, l'articolo di Andreatta su Green.it, nel quale riassume qualche numero preso da dati ARPA[20].

Una soluzione che sta prendendo sempre più piede è rappresentata dalle pompe di calore. In breve, funzionano con un principio simile ai frigoriferi: prelevano, sfruttando l'elettricità, energia termica dall'esterno e la portano all'interno. Il grande vantaggio garantito da questa tecnologia, oltre al risparmio compreso tra il 30 e il 40% se si possiede un impianto di riscaldamento a pavimento, è la possibilità di funzionare sia per il riscaldamento sia per il raffrescamento. La loro convenienza aumenta notevolmente con l'istallazione di pannelli fotovoltaici che consentano di autoprodurre l'energia necessaria al loro funzionamento[21].

Un impianto solare termico, quindi finalizzato non alla produzione di elettricità ma piuttosto di acqua (o un altro fluido) calda, coesistendo e funzionando insieme alle altre tecnologie citate, può portare un ingente risparmio[22]. Nel capitolo Tetto parleremo sicuramente meglio di questo strumento.

Spesso salotto e sala da pranzo sono stanze grandi e molto umide ed è in questi ambienti che si utilizzano maggiormente i deumidificatori che, tuttavia, possono essere impiegati anche in altre stanze della casa. Non tutti sanno che l'acqua raccolta dal deumidificatore può essere molto utile: questa è infatti priva di molti ioni disciolti (che si trovano nell'acqua del rubinetto) ed è l'ideale per essere usata nel ferro da stiro. In questo modo non dovrete più comprare acqua demineralizzata (o distillata) riducendo il consumo di plastica e allungando la vita del ferro da stiro.

Balcone, terrazzo o veranda

Non tutti hanno la fortuna di avere un terrazzo o una veranda ma, per chi ne dispone, questi spazi possono rappresentare un vero e proprio prolungamento della casa, una sua estensione. Si prestano a molteplici usi: si possono organizzare feste, grigliate, mangiare con la famiglia all'aperto, far giocare figli e animali domestici, prendere il sole o semplicemente una boccata d'aria.
Sono senz'altro una risorsa importante per la famiglia, ma, nel tentativo di renderli più funzionali, questi spazi potrebbero essere una grande fonte di sprechi e consumi.

Per prima cosa consiglio di utilizzare questi spazi soprattutto di giorno o d'estate: non avrete bisogno di luce artificiale né di un sistema di riscaldamento. Se, tuttavia, volete sfruttare questi spazi tutto l'anno, allora seguite queste semplici indicazioni.

Il riscaldamento è la parte più dispendiosa. La soluzione adottata da moltissime persone sono le lampade riscaldanti. Questi obbrobri sono usati da moltissimi bar e ristoranti al fine di utilizzare tutto l'anno spazi aperti, lasciatemi dire abbastanza inutilmente. Secondo la fisica, il calore va verso l'alto, quindi, a meno che non vengano utilizzati in spazi completamente chiusi (o quasi), la maggior parte del calore prodotto si disperde verso il cielo. Certo, quando li vedete vi sentite già più caldi, ma questo potrebbe essere solamente un effetto placebo: voi sapete che questi affari emettono calore, quindi, se ci sono, sicuramente fa caldo.

Se proprio volete scaldare questi ambienti la scelta migliore sarà chiuderli (magari in modo non definitivo, così da essere riaperti d'estate) oppure usare un braciere: certo non può essere usato tutte le sere o inquinerebbe più di un camino.

Esistono, per la cronaca, anche dei cosiddetti "funghi" a gas. Li avrete sicuramente già visti, sono una via di mezzo tra una lampada riscaldante e un braciere in quanto funzionano bruciando metano (o più raramente altri tipi di gas) e riscaldando l'ambiente circostante. Questa soluzione unisce un po' i problemi delle due precedenti: c'è combustione, e quindi emissione di sostanze inquinanti, i costi per l'acquisto e il mantenimento sono abbastanza elevati rispetto alle alternative e in più dovrete avere a che fare con il cambio bombole e i rischi che derivano dall'avere una bombola di gas infiammabile in terrazzo; inutile dire che la loro presenza non è consentita ovunque (soprattutto in condominio).

Per l'illuminazione la soluzione è più semplice: si possono utilizzare faretti a luce solare, oppure sfruttare la luce prodotta dal fuoco nel braciere.

Come alternativa, sono entrate in commercio non molti anni fa delle lampadine che emettono una luce ad una lunghezza d'onda (colore) che, secondo alcune ricerche, dovrebbe infastidire le zanzare[23]. Ovviamente non è efficace come altri prodotti, come alcuni spray chimici o zanzariere elettrificate, ma vi permetterà di risparmiare su questi ultimi ed inquinare meno, questo almeno garantiscono i produttori. Bisogna precisare che queste lampadine consumano come le altre, quindi non faranno diminuire i consumi energetici.

Per chi non ha un giardino, il balcone è un'ottima soluzione per creare il proprio orto domestico. Quelli bravi riusciranno a coltivare verdura e ortaggi, ma loro non hanno bisogno di grandi consigli; per chi ha il pollice nero, invece, consiglio di cominciare con le erbe officinali come rosmarino, timo, basilico, prezzemolo, salvia. Queste non hanno bisogno di molte cure e possono essere coltivate per qualche anno anche in vasi di ridotte dimensioni (quando crescono troppo potrete sempre regalarli ad amici o parenti). Ad esempio, potete aprire dei grossi buchi lungo il fusto di qualche bottiglia di plastica usata, riempirla di terra e piantarci dentro queste erbe; poi potete fare 2 fori (uno vicino al tappo e l'altro vicino al fondo) su ciascuna bottiglia, farci passare uno spago spesso e collegarle fra loro: in questo modo potrete appenderle al muro, risparmiando spazio, decorando la facciata di casa e avendo sempre a disposizione spezie fresche per i vostri piatti.

Per innaffiare queste piantine, ma anche i fiori, usate l'acqua di cottura di riso o pasta, o acqua di lavaggio di frutta e verdura. Anche l'acqua dell'acquario può essere usata per le piante ornamentali al posto che buttata nello scarico. Non solo questo vi consentirà di ridurre gli sprechi d'acqua ma, allo stesso tempo, l'amido e le sostanze fertilizzanti contenute in queste acque di scarto faranno da concime per le vostre piante, sia che esse si trovino in vaso, sia nel terreno in giardino[24,25].

Cucina

Questa è senza ombra di dubbio la stanza della casa che consuma più elettricità, d'altronde è la stanza in cui sono presenti più elettrodomestici. Vi stupirà sapere che potrete risparmiare senza spendere neanche €1.

Il modo migliore per risparmiare energia in questa stanza è semplicemente cambiando la diposizione degli elettrodomestici. Esatto, basta spostarli. In maniera intelligente ovviamente.

Il frigorifero ed il freezer, il cui scopo è raffreddare, dovrebbero stare il più distante possibile dal forno e dai fornelli, i quali emettono parecchio calore. Infatti, tanto più l'ambiente esterno è caldo, tanto più frigorifero e freezer dovranno "impegnarsi" per mantenere l'interno alla temperatura impostata. Si è stimato che tra giugno e settembre i consumi di questi due elettrodomestici crescano del 40-50% rispetto al resto dell'anno![26]

Un'altra cosa molto semplice (e scontata) da fare è tenere aperti gli elettrodomestici il meno possibile: se durante la cottura di una torta aprite il forno, la temperatura al suo interno crolla e ciò non solo porterà ad un aumento dei consumi elettrici per ripristinare la temperatura, ma anche ad un'interruzione della cottura della torta, che rischierà di afflosciarsi. Anche aprire il frigorifero o il freezer troppo spesso non è una buona abitudine: avete presente quel ghiaccio sulle pareti? Ecco, è il risultato del processo di brinamento del vapore acqueo contenuto nell'aria. Questo ghiaccio è molto dannoso perché crea un isolante e l'energia, al posto di essere impiegata per raffreddare il cibo, viene usata per raffreddare questo strato. È importante, oltre che non aprire frigo e freezer inutilmente, anche sbrinarli periodicamente.

È buona pratica tenere distanziati tutti gli elettrodomestici dal muro, almeno 10 centimetri, per favorire il ricircolo dell'aria. Quasi tutti i sistemi di raffreddamento, come le ventole, sono posizionati sul retro di questi apparecchi e un passaggio d'aria nuova favorisce il raffreddamento, incidendo notevolmente sull'efficienza.

Frigorifero e freezer sono gli elettrodomestici che consumano di più, per questo quando si va in vacanza per più di qualche giorno sarebbe buona pratica partire con il frigo vuoto. Facendo due calcoli si scopre che in media un frigorifero consuma 0,25kWh per ora di utilizzo: se quando partiamo per la settimana bianca lo spegnessimo risparmieremmo 42kW con un solo apparecchio[27]!

Queste scelte strategiche sono a costo zero, ma, quando i vostri elettrodomestici si guasteranno o romperanno e dovrete comprarne di nuovi, vi consiglio di non basarvi solo sul risparmio immediato: comprare frigoriferi, freezer, forni, lavastoviglie e anche lavatrici di classe energetica A (o superiore) comporta un prezzo d'acquisto più alto, ma anche un notevole risparmio mensile in bolletta[28]. La qualità è sicuramente sinonimo di durata, risparmio e basso inquinamento.

Ricordo che lo smaltimento di tutti gli elettrodomestici DEVE essere fatto nel rispetto di tutte le leggi locali e soprattutto dell'ambiente: essi contengono non solo metalli e plastiche ma anche CFC (clorofluorocarburi) ed altri liquidi refrigeranti tossici e altamente inquinanti. La maggior parte dei materiali, inoltre, può essere riciclato ed avere una nuova vita.

I più fortunati, o le forchette migliori, dispongono di un'ampia credenza/dispensa. Una vera e propria stanza in cui però non è necessaria un'illuminazione importante. Per questo motivo suggerisco una soluzione tra quelle già elencate per il ripostiglio presenti nel capitolo dedicato all'ingresso.

Oltre che consumare energia elettrica, in cucina si sprecano decine di litri d'acqua al giorno. Cominciamo dal risciacquo di frutta e verdura: per poter utilizzare l'acqua di lavaggio per innaffiare i fiori (come già detto nel capitolo dedicato al terrazzo) non possiamo metterli sotto l'acqua corrente. Riempiendo una bacinella e lasciando in ammollo per un po' di tempo la frutta o la verdura e, prima di utilizzarla (non lavate tutti i prodotti subito, ma solo il giorno in cui volete mangiarli, altrimenti potrebbero marcire velocemente), risciacquandola molto velocemente si otterrà una pulizia ottimale e un notevole risparmio di acqua.

Anche quando lavate i piatti sprecate acqua. Ecco come fare per ridurre i consumi: dopo aver eliminato i residui di cibo, insaponate piatti e posate con una soluzione diluita di detersivo e acqua contenuta in un catino (o lavabo tappato, nel caso ne abbiate 2); dopo aver insaponato tutto si può procedere al risciacquo.

Un rubinetto che perde, oltre a non farci dormire la notte a causa del rumore fastidioso, può portare ad uno spreco medio di 5.000 litri di acqua all'anno, e solo con un rubinetto[29]! Il problema spesso può essere facilmente risolto stringendo un bullone, altre volte è necessario chiamare un idraulico.

È buona prassi effettuare almeno una volta all'anno un check-up generale per scovare alcune perdite nascoste. La procedura è facile e veloce: quando usciamo la mattina per andare al lavoro o a scuola controlliamo di aver chiuso bene tutti i rubinetti e facciamo una foto al contatore dell'acqua. Al nostro rientro (se nessuno ha usato l'acqua in nostra assenza) confrontiamo il contatore con la foto che avevamo fatto: tutte le cifre dovrebbero essere uguali. Se non è così, per prima cosa facciamo un giro per controllare perdite di rubinetti, ma, se non ne troviamo, dovremo rivolgerci ad un idraulico per verificare eventuali perdite nascoste (come tubi rotti). Queste perdite potrebbero causare addirittura danni strutturali alla casa: è molto importante non sottovalutarle.

Bagno e lavanderia

Se la cucina domina i consumi di energia, il bagno e la lavanderia dominano quelli d'acqua anche se, a dire il vero, sono presenti molti sprechi di energia anche qua: lavatrice, asciugatrice, phon, piastre per capelli, stufette elettriche e boiler sono delle vere e proprie macchine mangia energia.

Per risparmiare elettricità l'Unione dei Consumatori[30] suggerisce di non utilizzare questi elettrodomestici con pochi panni all'interno: sempre a pieno carico, a meno che non ci siano programmi particolari per il mezzo carico. Questo farà risparmiare sia energia che acqua! Lo stesso discorso può essere fatto anche per la lavastoviglie.

I boiler elettrici potranno andare bene per le seconde case, quelle delle vacanze che usiamo poche settimane all'anno, ma sono fortemente sconsigliati per la casa principale perché non sono efficienti come le caldaie tradizionali a gas, anche se restano meglio dei bruciatori a gasolio (che fortunatamente stanno scomparendo). Inoltre, al contrario delle caldaie, non forniscono un flusso continuo di acqua calda, ma, una volta finita la riserva, bisognerà aspettare che si ricarichino costringendoci a fare una bella doccia fredda. Un discorso diverso dev'essere fatto nel caso si vogliano usare pannelli solari: in questo caso l'uso di più dispositivi elettrici possibili (come sostituti ai corrispettivi funzionanti a metano o altre fonti di energia) può portare ad un risparmio economico e ad una riduzione delle emissioni.

È bene anche limitare l'uso delle stufette elettriche, che consumano troppa corrente.

Per risparmiare acqua, invece, possiamo cominciare da un compito molto, veramente molto semplice: chiudere il rubinetto quando ci stiamo lavando i denti o rasando.

Possiamo proseguire preferendo la doccia al bagno. In media riempire la vasca da bagno comporta un consumo minimo di 4 volte superiore rispetto alla doccia. Teniamo tuttavia presente che il flusso d'acqua varia da 6 a 10 litri al minuto; quindi, anche ridurre il tempo sotto la doccia porta a risparmiare[31].

Ogni volta che utilizziamo lo sciacquone consumiamo intorno ai 10 litri d'acqua. Il suo uso si stima contribuisca al 20-30% del totale giornaliero di consumi idrici domestici. È utile installare una cassetta del wc con doppio pulsante o con leva d'arresto (rilascio differenziato), nel primo caso un pulsante eroga 5-6 litri, mentre l'altro 10-12; questo ci consente un risparmio fino al 50%[32].

In alcuni casi il sistema che regola l'uscita dell'acqua si guasta, creando la fuoriuscita costante di un rigagnolo d'acqua che, oltre a formare la classica striscia di colorazione giallastra sulla ceramica, è equiparabile ad un filo d'acqua che scende giorno e notte dal rubinetto. Per non sprecare molta acqua e danneggiare in modo irreparabile il WC bisogna riparare il guasto; talvolta può essere necessario chiamare un idraulico.

Al fine di prevenire eventuali ingorghi nello scarico, inoltre, consiglio di utilizzare carta igienica "sottile" (con pochi veli), così risparmieremo anche carta!

Una modifica economica che possiamo fare in autonomia, invece, consiste nell'istallazione su ogni rubinetto di casa di un aeratore. Questi riduttori di flusso mischiano l'aria all'acqua in uscita dal rubinetto portando un risparmio di almeno il 30% di acqua. Quando li avrete installati non vi accorgerete nemmeno della differenza, eppure comportano un notevole risparmio! Hanno un costo molto contenuto e si possono comprare in ferramenta o su internet (controllando che il diametro sia compatibile con quello dei vostri rubinetti) e costano davvero pochi euro[33].

Camera da letto

In questa stanza si dorme, beh per la maggior parte del tempo, ed è per questo che i consumi sono bassissimi, ma potrebbero essere ancora meno.

Innanzitutto, possiamo evitare di tenere in carica dispositivi già carichi. Molti hanno infatti l'abitudine di collegare lo smartphone, il tablet o il laptop la sera, prima di dormire, e scollegarli la mattina dopo. Questa procedura è fortemente sconsigliata perché nella maggior parte dei casi la ricarica completa si ha nel giro di qualche ora; a carica completata questi dispositivi hanno un meccanismo che consente di eliminare la carica in eccesso continuando tuttavia ad assorbire energia (e quindi consumare): tutto ciò può anche danneggiare il dispositivo[34].

Dopodiché, la mattina, una volta svegli, scolleghiamo lo smartphone e... lasciamo il caricabatterie collegato. Altro errore dovuto alla pigrizia. Il caricabatterie collegato alla presa, anche se non collegato ad un dispositivo, consuma lo stesso una parte di elettricità[35]. Il consumo di elettricità dovuto a questo uso improprio dei caricabatterie è tanto maggiore quando il caricabatterie è "potente", per semplificare il concetto, più il caricabatterie è pesante.

Un altro consiglio, valido per tutta la casa, è quello di installare finestre e portefinestre a doppi (o tripli) vetri. Certo, se i vostri infissi non sono danneggiati non è economicamente conveniente, ma se essi sono vecchi e malconci è giunta l'ora di cambiarli[36].

Non c'è molta differenza di prezzo tra una finestra normale ed una con doppi vetri, la differenza in termini di isolamento termico, però, è abissale. Le finestre di questo tipo sono costituite da una cornice che racchiude 2 vetri, in mezzo a loro c'è un gas naturale (come aria, azoto o argon, talvolta può esserci anche il vuoto) che aumenta notevolmente l'isolamento. Quindi l'isolamento non è solo il doppio, ma molto di più! Inoltre, esse garantiscono anche un ottimo isolamento acustico[37].

È possibile ottenere incentivi, rimborsi e detrazioni fiscali per chi sceglie di rinnovare i propri infissi sostituendoli con alternative più ecosostenibili e che si adoperino al risparmio energetico.

Tetto

Quale miglior modo di risparmiare energia se non produrla?

Penso che abbiate capito: pannelli solari.

Spesso le persone diffidano dal prendere in considerazione questa soluzione perché male informate. Certo, un impianto fotovoltaico in grado di alimentare tutta la casa è costoso e i benefici non si vedono subito, ma vi assicuro che nel tempo essi si faranno vedere e potrete persino guadagnarci alla fine. Senza contare che all'ambiente fanno bene immediatamente.

I pannelli solari sono composti dall'unione di più celle fotovoltaiche, le quali hanno il compito di trasformare l'energia dei fotoni (la luce solare) in elettricità. Riassumendo brevemente: quando la luce solare colpisce la cella fotovoltaica, la sua energia si trasferisce agli elettroni del silicio (contenuto nelle celle) e gli elettroni eccitati iniziano a fluire nel circuito producendo corrente elettrica continua. Spetta poi all'inverter convertirla in corrente alternata. Ovviamente non tutta la luce viene convertita in elettricità: l'efficienza di conversione si aggira intorno al 20%.

Oltre ai limiti strutturali ci sono altri "sprechi" dovuti sia a fattori ambientali sia a perdite di carico: c'è una perdita dello 0,5% ogni grado oltre alla temperatura ottimale di esercizio (che in genere è circa 25°C). Devono essere puliti per evitare l'accumulo dello sporco e bisogna evitare gli ombreggiamenti il più possibile (devono essere ad esempio potati gli alberi più alti che possano tenere i pannelli all'ombra). I pannelli subiscono l'invecchiamento: i materiali da cui sono composti si deteriorano inevitabilmente comportando una riduzione dell'efficienza dello 0,5% all'anno e una durata di vita stimata intorno a 20-25 anni. Sono presenti ad ogni modo software gratuiti in grado di calcolare l'efficienza dell'impianto[38].

Per sapere le dimensioni dell'impianto sarà sufficiente conoscere i propri consumi giornalieri e le ore di luce equivalente (che variano in base alla propria zona). Il consumo annuo medio di una famiglia italiana si aggira intorno ai 9kWh al giorno di cui circa il 30% avviene in orario diurno[39].

Il costo di un impianto costa in media €2000 per kW[40].

Molto spesso, per risparmiare, non vengono installate batterie per accumulare la luce per la notte. Questo vi farà restare dipendenti dai tradizionali fornitori e combustibili fossili, anche se risparmierete lo stesso parecchi soldi.

Nel caso in cui non siano presenti batterie, oppure ci sia comunque energia in eccesso, si può procedere allo scambio sul posto. Sostanzialmente l'eccesso viene inviato alla rete e ridistribuito, viene inoltre assegnato un contributo in base all'energia immessa in rete che viene scalato dalla bolletta oppure pagato a fine anno come se fosse una vendita di energia. Il prezzo fissato è quello medio dell'anno precedente.

Infine, è bene sottolineare che nella maggior parte dei Paesi sono previste ingenti detrazioni fiscali per chi sceglie l'energia pulita.

Sempre più persone e, soprattutto, sempre più Stati stanno scegliendo di investire nel solare. Gli Emirati Arabi, famosi per le esportazioni di petrolio, stanno investendo parecchi milioni di dollari nelle energie rinnovabili: si stanno garantendo un ruolo centrale nella produzione di energia anche nel futuro, assicurando in questo modo un futuro anche per il proprio Paese[41].

L'acqua piovana che colpisce il tetto confluisce nella grondaia e viene poi condotta nello scarico fognario. Per chi ha un giardino o un orto quest'acqua potrebbe essere utilizzata per l'irrigazione. Ricorrendo al fai da te è possibile deviare parte di quest'acqua in un barile (o cisterna, a seconda della grandezza del giardino e della necessità). Questo barile, per motivi estetici o di spazio, può essere anche interrato e all'interno di esso può essere installata una pompa per portare l'acqua comodamente in superficie.

Nel caso questi barili siano in superficie sarebbe meglio chiuderli bene con un coperchio ed evitare di lasciare lì l'acqua per molti giorni perché sarebbero l'habitat ideale per la proliferazione degli insetti; tuttavia in questa posizione non sarebbe necessario nemmeno l'uso della pompa per movimentare l'acqua!

In questo modo, oltre a risparmiare acqua potabile di rete, contribuirete ad un funzionamento migliore degli impianti di depurazione delle acque reflue. In caso di forti precipitazioni l'azione depurativa dell'impianto sarà minore perché l'aumento della portata del flusso comporta una riduzione dei tempi di permanenza all'interno delle vasche. Se le precipitazioni sono eccezionalmente intense un sistema di by-pass scaricherà parte dei reflui direttamente nel fiume o mare.

Fai risparmiare la tua casa

Conclusioni

In un mondo in cui nessuno sembra pensare ad un futuro più lontano dei 20 anni.

In cui tutte le banche investono nel petrolio perché tutto è fatto con esso.

In cui al posto di abituarci ai ritmi della natura pretendiamo di controllarla.

In cui a nessuno importa se per coltivare l'insalata che hai in tavola siano stati utilizzati almeno 8 pesticidi diversi, che inquinano l'acqua (che poi beviamo) e uccidono insetti (tra cui le api, senza le quali non potremmo vivere) ed altri animali.

In cui a nessuno interessa se gli animali negli allevamenti intensivi vengono imbottiti di antibiotici (i quali creano batteri a loro resistenti che rischiano di ammazzare migliaia di persone) perché l'importante è che costino poco.

In cui migliaia di ettari di foresta vengono abbattuti per coltivare frutti esotici che, dopo molti trattamenti, si fanno tutto l'oceano in nave per arrivare nei nostri supermercati.

In un mondo come questo è sempre più importante dare il proprio contributo affinché le cose cambino, e per fare questo non servono grandi sacrifici: basterebbero pochi semplici gesti ripetuti giorno dopo giorno.

Con questo breve libro ho voluto condividere con voi esempi semplici, di vita quotidiana. Ora che siete a conoscenza di quanto è facile rendere il proprio stile di vita più ecosostenibile, non avete più scuse: non siate pigri e iniziate anche voi a migliorare il mondo.

Bibliografia

Le fonti che ho maggiormente utilizzato per la stesura del testo sono:

- ARERA: è l'Autorità di Regolazione per Energia Reti e Ambiente, è un'autorità amministrativa indipendente che dal 1995 opera per garantire la promozione della concorrenza e dell'efficienza dei servizi di pubblica utilità e tutelare gli interessi di utenti e consumatori.

- Terna: tra le altre cose è il gruppo proprietario della rete di trasmissione italiana dell'elettricità in alta e altissima tensione.

- Wikipedia: l'enciclopedia libera più famosa al mondo, dai tempi delle medie mi dà una mano e non potevo di certo tradirla ora.

Di seguito sono citate nello specifico tutte le fonti:

[1] ARERA. 2021. "Dati Statistici." Arera.it. 2021. https://www.arera.it/it/dati/elenco_dati.htm.

[2] Terna spa. 2020. "Transparency Report: La Piattaforma - Terna Spa." Terna.it. 2020. https://www.terna.it/it/sistema-elettrico/transparency-report.

[3] Wikipedia. 2006. "Centrale Termoelettrica." Wikipedia.org. Wikimedia Foundation, Inc. January 5, 2006. https://it.wikipedia.org/wiki/Centrale_termoelettrica.

[4] Videostorie. 2022. "Come Funziona Lo Stoccaggio Del Gas in Italia, Dove Avviene E Quanto Ne Abbiamo Di Scorta." Geopop. Geopop. 2022. https://www.geopop.it/video/come-funziona-lo-stoccaggio-del-gas-in-italia-dove-avviene-e-quanto-ne-abbiamo-di-scorta/.

[5] Redazione ANSA. 2021. "Giornata Desertificazione, 20% Dell'Italia a Rischio - Ambiente & Energia." ANSA.it. Ambiente&Energia - Ansa.it. June 17, 2021.

https://www.ansa.it/canale_ambiente/notizie/acqua/2021/06/17/clima-anbi-20-dellitalia-a-rischio-desertificazione_73135ed7-7118-4e73-9240-c097339f2c46.html.
[6] Biancatelli, Lucio. 2017. "Un Quinto Dell'Italia a Rischio Desertificazione | WWF Italia." WWF Italia. June 16, 2017. https://www.wwf.it/pandanews/ambiente/un-quinto-dellitalia-a-rischio-desertificazione/.
[7] www.conviri.it/
[8] Wikipedia. 2003. "Sistema Di Unità Di Misura." Wikipedia.org. Wikimedia Foundation, Inc. December 16, 2003.
https://it.wikipedia.org/wiki/Sistema_internazionale_di_unit%C3%A0_di_misura.
[9] Energit. 2022. "Consuma Di Più Una Lampadina O La Tv? - Energit." Energit.it. December 2, 2022. https://energit.it/consuma-di-piu-una-lampadina-o-la-tv/.
[10] bestprato. 2013. "Quanto E Quando Irrigare Un Prato." Bestprato.com. July 9, 2013. http://www.bestprato.com/green/tecniche-giardinaggio/quanto-e-quando-irrigare-un-prato/.
[11] Redazione Buone notizie. 2021. "Lavare l'Auto Usando Il Secchio E Non l'Acqua Corrente Del Getto - Risparmiare Acqua, Come Fare in 10 Modi..." Corriere Della Sera. Corriere della Sera. March 19, 2021. https://www.corriere.it/buone-notizie/cards/risparmiare-acqua-come-fare-10-modi-evitare-consumi-spese/lavare-l-auto-usando-secchio-non-l-acqua-corrente-getto.shtml.
[12] Focus. 2014. "Perché Le Falene Cercano Sempre La Luce?" FocusJunior.it. August 27, 2014. https://www.focusjunior.it/scuola/perche-le-falene-cercano-sempre-la-luce/.
[13] Wikipedia. 2004. "LED." Wikipedia.org. Wikimedia Foundation, Inc. July 3, 2004. https://it.wikipedia.org/wiki/LED.
[14] Rossella. 2017. "Lampadine a LED, Alogene, a Basso Consumo E Risparmio Energetico." Tuttogreen. Tuttogreen. November 10, 2017. https://www.tuttogreen.it/lampadine-a-led-alogene-e-basso-consumo/
[15] DOMAGIC. 2017. "Confronto Tra Lampade Alogene, Fluorescenti E LED." Domagic.it. Domagic. 2017. https://www.domagic.it/confronto-lampade-alogene-fluorescenti-led-quali-scegliere/
[16] Wikipedia. 2005. "Lampada a Incandescenza." Wikipedia.org. Wikimedia Foundation, Inc. April 21, 2005. https://it.wikipedia.org/wiki/Lampada_a_incandescenza.
[17] Eon. 2020. "Evitare Sprechi Di Energia Elettrica: Quanto Consumano Gli Elettrodomestici in Stand-By." Eon-Energia.com. 2020. https://www.eon-energia.com/magazine/energia-domestica/evitare-sprechi-di-energia-elettrica-quanto-consumano-gli-elettrodomestici-in-stand-by.html.
[18] Nuzzo, Alessandro. 2022. "Quanto Consumano Gli Elettrodomestici in Stand By?" Money.it. Money.it. September 24, 2022. https://www.money.it/quanto-consumano-elettrodomestici-stand-by.
[19] Facile.it. 2022. "5 Tipi Di Impianti Di Riscaldamento: Guida Alla Scelta." Facile.it. Facile.it. October 11, 2022. https://www.facile.it/energia-luce-gas/guida/impianti-di-riscaldamento-tipologie-differenze-e-costi.html.
[20] Andreatta, Nicola. 2021. "Quanto Inquinano Le Stufe a Legna?" Green.it. December 23, 2021. https://www.green.it/quanto-inquinano-le-stufe-a-legna/.

21 Sorgenia. 2022. "Pompa Di Calore: Come Funziona E Quando Entra in Funzione."
Sorgenia.it. Sorgenia. October 21, 2022. https://www.sorgenia.it/guida-
energia/funzionamento-pompa-di-calore.
22 Viessmann. 2023. "Impianto Solare Termico." Viessmann.it. 2023.
https://www.viessmann.it/it/approfondimenti/impianto-solare-termico.html.
23 Focus.it. "Come Le Zanzare Reagiscono Alla Luce E Ai Colori," August 12,2020.
https://www.focus.it/ambiente/animali/come-le-zanzare-reagiscono-alla-luce-e-ai-
colori.
24 https://www.facebook.com/ortodacoltivare. "Irrigare Le Piante Con Acqua Di Cottura
Delle Verdure | OdC." Orto da Coltivare, November 7, 2017.
https://www.ortodacoltivare.it/orto-in-vaso/acqua-cottura.html.
25 Haenselblatt.com. "Piante Innaffiate Con Acqua Di Acquario: Utilizzare l'Acqua
Dell'acquario per Irrigare Le Piante - It.haenselblatt.com," 2023.
https://it.haenselblatt.com/plants-watered-with-fish-tank-water.
26 Gambino, Virginia. "Con Il Caldo Si Impennano I Consumi Del Frigo –
CasaCondominio." CasaCondominio, June 24, 2019.
https://www.casacondominio.net/caldo-si-impennano-consumi-del-frigo/.
27 Acea Energia. "Consumo Frigorifero: Ecco Come Ridurlo | Acea Energia." Acea.it.
Acea Energia, August 11, 2022. https://www.acea.it/guide/consumo-frigorifero.
28 Jessica. "Quanto Consuma Un Frigorifero al Giorno (E Come Tagliare I Costi)." Portale
Energia, April 2019. https://www.portaleenergia.com/quanto-consuma-un-frigorifero/.
29 Quareco. "Rubinetto Che Perde E Gocciola: Cause E Rimedi - Quareco."
Quareco.com, 2020. https://www.quareco.com/consigli-tutorial/rubinetto-perde
gocciola-cause-rimedi/.
30 Unione Dei Consumatori. "Unione Dei Consumatori • Associazione Consumatori
Nazionale," September 14, 2023. https://www.unionedeiconsumatori.it/.
31 Sabrina Del Fico. "Per Risparmiare Conviene Davvero Fare Il Bagno Rispetto Alla
Doccia? La Risposta Ti Sorprenderà." greenMe. GreenMe.it, February 10, 2023.
https://www.greenme.it/ambiente/acqua/bagno-o-doccia-per-risparmiare-acqua/.
32 Bosch-home.com. "Consumo Medio Di Acqua: Quanto Consuma Ciò Che Facciamo?,"
2023. https://www.bosch-home.com/it/scopri-bosch/bosch-stories/consumo-medio
acqua#anc-14574486.
33 Sara. "Un Aeratore per Risparmiare Acqua." Idroclic.it. Idroclic.it, April 6, 2023.
https://www.idroclic.it/magazine/un-aeratore-per-risparmiare-acqua/.
34 Nasi, Michele. "Caricare La Batteria Del Cellulare: Gli Errori Da Evitare per Farla
Durare Di Più." IlSoftware.it, 2023. https://www.ilsoftware.it/focus/Caricare-la
batteria-del-cellulare-gli-errori-da-evitare-per-farla-durare-di-piu_15411/.
35 NWG ENERGIA. "Lasciare Il Caricabatterie Nella Presa Consuma? – NWG
ENERGIA," November 3, 2022. https://www.nwgenergia.it/blog/caricabatterie
attaccato-presa-consumo.
36 Redazione. "Quanta Energia Si Risparmia Con I Doppi Vetri? - Energit." Energit, June
7, 2019. https://energit.it/quanta-energia-si-risparmia-con-i-doppi-vetri/.

[37] Oknoplast. "Quanto Aumenta Il Risparmio Energetico Con I Doppi Vetri?" Blog Oknoplast: notizie e spunti per la casa, January 31, 2023. https://www.oknoplast.it/blog/aumento-risparmio-energetico-doppi-vetri/.
[38] Fuda, Alessandro. "Rendimento Impianto Fotovoltaico, Ecco Da Cosa Dipende." Fotovoltaiconorditalia. Fotovoltaiconorditalia, May 9, 2017. https://www.fotovoltaiconorditalia.it/idee/rendimento-impianto-fotovoltaico.
[39] ISTAT. "Statistiche Istat." Istat.it, 2014. http://dati.istat.it/Index.aspx?DataSetCode=DCCV_CNSENRG.
[40] Sostariffe.it. "Costo Kwh Energia Elettrica Ottobre 2023: Maggior Tutela E Mercato Libero | SosTariffe.it," 2023. https://www.sostariffe.it/energia-elettrica-gas/faq/costo-kwh-kilowattora-quanto-costa-l-energia-elettrica.
[41] Pagni, Luca. "Fotovoltaico, in Arabia Saudita Nuovo Record Di Prezzo per La Produzione Di Energia." la Repubblica. la Repubblica, April 19, 2021. https://www.repubblica.it/green-and blue/2021/04/19/news/rinnovabili_fotovoltaico_solare_record_arabia_saudita 297077457/.

GRAZIE

41

www.ingramcontent.com/pod-product-compliance
Lightning Source LLC
Chambersburg PA
CBHW051123250726

48655CB00007B/2850